Veronika Käter

*Dicht
auf den Versen*

Für meine Eltern

Augenblick
bleibe mit
Stift und Papier
dir dicht auf den
Versen.

Wolkenschieberin –
mein Traumberuf!
Mit stürmischen Händen
zaubere ich sonniges Land
schattenscheckig.

Sommerregen
auf Staubpflaster –
ein kurzer Augenblick
und ein wunderbarer Duft
vergeht.

Nase
im Herbst
schon doch noch
strahlt Kornblumenauge am Wegesrand
Sommer.

Meine
Hast überschreitet
silbrig angetrocknete Spuren
von nächtlichen Wegen der
Schnecken.

4

Mauersegler
umturnen einander
stofflos ihr Pfeifen
auf Lüften des nahenden
Regens.

Tanzen
im Kreis
weiche weiße Wollkugeln
gewiegt im Wind sind
Pappelkinder.

Prisen
schwarzer Vögel
würzen den Himmel
im Orangeblau des frühen
Abends.

Ist es von eigner Sorte

Wellenflug

Drei Euro für ein paar Minuten.
Ich hab es passend: eins plus zwei.
Die Sitze außen sind die guten.
Ich nehme Platz, ich bin so frei.

Noch beide Füße fest am Boden.
Fanfare tönt. Es geht empor.
Die Bodenhaftung aufgehoben,
komm ich mir leicht und schwebend vor.

Ich werd bewegt, und doch ist Ruh da,
ich hänge ab und hänge an
vier Ketten für ein Halleluja:
ich bin zuvor und jetzt und dann.

Ich fliege über meinen Schatten.
Die Ewigkeit vergeht so schnell
und steigt mit Schritten weich wie Watten
hinab vom Kettenkarussell.

Schläfchen

Schnell nochmal ins Bett zurück!
Draußen toben kalte Winde.
Weich und warm, so ist das Glück,
das ich in den Kissen finde.

Längst ist alles eingeräumt,
was ich in des Tages Hast
brauche. Doch erst wird geträumt,
wenn ich in die Kissen tauche.

Nochmal seufzen, nochmal spüren,
dass die Welt mir gar nichts kann.
Ganz und gar, an allen Vieren
fühlt sich's gut und richtig an.

Liege dort, die Augen zu,
tanke Kraft vorm Haus-Verlassen.
Senke mich in süße Ruh,
flüchte, eh der Sog der Massen
mich hineinzieht in den Strom:
Wochentagsalltäglichkeit
jener, die in Brot und Lohn.
Ist das denn die Möglichkeit?

Ja, sie ist's! Ich kann's gestehen,
schlüpf beschwingt in meine Schuhe.
Kraft, der Welt ins Aug' zu sehen,
gibt mir diese Morgenruhe.

Frühstücksgast

Sei mir willkommen, später Brummer!
Flogst vom Balkon in meine Küche,
denn draußen siecht ein alter Sommer –
hier drinnen gibt es Süßgerüche.

Unschlüssig flügelst du im Kreise,
weißt scheinbar weder aus noch ein.
Mein Herz folgt dir in gleicher Weise:
nicht Sommers satt. Soll Herbst schon sein?

Mein Herz bereit
für dich wäre es
etwas anderes
hab ich nicht
bei mir bin ich
mir gar nicht
so sicher dein Blick
trifft mich tief
in meine Seele
will ich dich
lassen wir einander
noch etwas Zeit.

Die Poesie steht auf der Straße,
sie geht zu Fuß, sie radelt Rad,
in schnellem oder trägem Maße
fließt sie im Fluss, in Land und Stadt.

Sie wirbelt fort in schnellen Winden,
ist tief und oben auch zu finden,
kann stille sein und Luft zufächeln,
meint sie es gut, lässt sie dich lächeln.

Manchmal gehört sie zu den Bösen –
doch immer kann sie dich erlösen.

bachstelze

stelz ich am bach
stelzen mir nach
bachstelzeriche.

stelz ich am zaun
neugierig schaun
zaunkönigliche.

stelz ich am strand
kommen gerannt
strandläuferiche.

komme mir selbst
wo ich auch stelz
kaum auf die schliche.

Wie im Märchen

Der Wind, der Wind,
das himmlische Kind.
Es ist schon unglaublich, wie Türen jetzt sind:

Erst gehn sie nicht auf,
dann knallen sie zu,
mal säuselt es drunter: ein Ruckediku.

Die Wolken sind des Windes Knechte,
ziehn von der linken auf die rechte
Seite des Meeres, dessen Brausen
dein Herze nährt und deine Flausen.

Die Sprache gehorcht mir aufs Wort

Mein Tintenfischlein schwimmt voran,
mit seinen vielen Armen
da schreibt es alles, was ich kann
und kennt fast kein Erbarmen.

Es schwimmt, und hinter ihm entstehn
seltsame Sätze, Worte.
Hüllt sich's in Tinte, nicht zu seh'n,
ist es von eigner Sorte.

Schwarze Lieder

Im Winter
Wir sitzen hier bei Frost und Wind,
weil wir nicht fortgeflogen sind.
Wenn du die falschen Eltern hast,
dann frierst du auf dem kahlen Ast.

Im Frühling
Schwalbe, Gans und Star kehrn wieder.
Müder klingen ihre Lieder
als im Herbst zur Abflugszeit.
Tja – der Flug war wohl sehr weit.

Im Sommer
Schwarz zu sein ist herrlich traurig,
doch im Sommer ist es schaurig,
nur im Sitzen schon zu schwitzen.
Weiß zu sein würd uns jetzt nützen.

Im Herbst
Wenn früher schon die Sonne sinkt,
der Raben Abschiedslied erklingt.
Die Sommergäste fliegen fort,
uns Raben bleibt das letzte Wort.

Unerhört!

Mein Ohrwurm ist mein treuer Freund.
Ein Freund, der weiß, was Freundschaft meint.

Naja – ein Treuer ist er schon,
doch oft versteh ich nichts davon,
warum er dieses und nicht jenes
Liedchen mir sendet. So ein schönes
Musikstück hört man immer gern,
ganz ohne Strom. Ob nah ob fern
der Ghettoblaster, Radio:
der Ohrwurm dudelt einfach so.

Er singt mir immer – ungefragt,
ob mich ein großer Kummer plagt,
ob ich mich freue, einerlei –
ein Lied ins Ohr, ist stets dabei.

Oft wiederholt er tagelang
dasselbe Stück, von Anfang an,
und immer, immer, immer wieder:
mein Ohrwurm hat auch Lieblingslieder.

Bin ich ihm gram ob seiner Treue?
Im Gegenteil – denn stets aufs Neue
kramt schöne Schätze er hervor:
Bleib mir gewogen, Wurm im Ohr!

Was niemand sieht

Rein rechnerisch und rational
ist sinnlos, was ich tue.
Ich lieg im Bett im tiefen Tal
der Nacht. Des Schlafes Ruhe
ist noch nicht da. Die jüngste Zeit
mit Dir ist grad vergangen.
Ich lächle in die Dunkelheit:
das Glück hält mich umfangen.

Mein Schatz wohnt in den Bergen,
dort geht es auf und ab.
Doch wenn ich sage: Berge!,
dann lacht er sich schon schlapp.

Ich kenne keine Berge,
ich komm vom flachen Land:
da gibt's nur Maulwurfshügel –
mehr ist mir nicht bekannt.

Abendlied

Von rechts nach links die Fledermaus
fliegt am Balkon vorbei.
Von links ein Licht: der Mond geht auf.
Er leuchtet hell und frei.

Von unten kriecht die Nacht heran,
der Tag wird alt und älter.
Von oben knipst man Sterne an,
mein Platz wird kalt und kälter.

Von unten rechts ein Fußballschrei:
Fortuna braucht ein Tor.
Am Fenster links, da tanzen zwei:
Musik dringt an mein Ohr.

Von ferne blinkt ein rotes Licht
am Turm: der Puls der Nächte.
Von Nahem wehrte ich mich nicht,
wenn man mir Heißes brächte.

Von rechts nach links die Fledermaus
fliegt am Balkon vorbei.
Von links ein Licht: der Tag ist aus.
Die Nacht ist hell und frei.

Ein schöner Tag geht nun zuende.
Zufrieden schau ich ins Gelände.
Viel Gutes gab's für Herz und Magen.
Am Himmel parkt der große Wagen.

Rendezvous

Noch vier Stunden, denk ich,
dann ist es so weit.
In Vorfreude tränk ich
die kommende Zeit.

Die erste Stunde
rast stürmisch dahin.
Die zweite Runde
fängt an, sich zu ziehn.

Die dritte kriecht,
nichts will mehr stürmen.
Woran's wohl liegt,
wenn Sekunden sich türmen?

Die Zeiger, sie kleben
am Zifferblatt fest.
Ich muss mich ergeben,
sonst gibt's mir den Rest.

Die Zeit fließt, dann tropft sie
und treibt mit mir Scherz.
Und plötzlich, da klopft sie
so wild wie mein Herz.

Was? Schon so spät?
Wo sind die Minuten?
Wenn's weiter so geht,
muss ich mich noch sputen.

Ich kann Dich schon sehen,
kommst näher, bist nah.
Die Zeit, sie bleibt stehen,
die Zeit, sie ist da.

Komm
schnell herein
weht der Wind
sonst alles über den
Haufen.

Einsam
trutziges Kirchlein
im flachgewellten Land
vergeht dir nie die
Zeit.

Schneebälle
im Anschlag:
vier coole Typen
tollen umher wie junge
Hunde.

Januar.
Die Winterbäume
schwarz und kahl
noch kämmen sie die
Windsbräute.

Wolkenwatte
hängt tief
hundert Prozent Baumwolle
leicht wie Federn trotzdem
regenschwer.

Die
frühen Vögel
scheren sich nicht
alte Federn fallen einfach
aus.

Ich
könnte ihn
mit erstem Herbstlaub
verwechseln den letzten tanzenden
Schmetterling.

Leer und reich zur selben Zeit

Paradiesische Zustände

Ach Eva, heute war ein Tag!
Ich bin so müde, und ich mag
nicht länger auf den Beinen stehn.
Kannst du für mich zum Postamt gehn?

Mein lieber Adam – kein Problem!
Wir wohnen hier ja so bequem!
Gleich um die Ecke alle Läden:
viel besser als im Garten Eden!

Hab Dank, mein liebes Evalein.
Ich lass uns Badewasser ein.
Wenn du zurückkommst, ist's so weit:
dann baden wir ganz heiß zu zweit.

Und Adam ist ganz losgelöst
im heißen Wasser eingedöst.
Doch als es plötzlich Hatschi macht,
ist er im kalten Nass erwacht.

Er klettert auf die Badematte –
und da kommt Eva: Armer Gatte!
Es dauerte so schrecklich lange –
schon wieder war's die falsche Schlange!

Ich lieb
einen
Apfeldieb.
Ich mag
einen
von dem Schlag,
den die Welt
der Leute
von heute
unbedrückt
für verrückt
hält.

Freud bitte kommen

Am Abend schon die
Luft so weich zum
Trinken und un-
endlich weit hin-
durchzusausen.

In der Nacht schon
alles grün und
ein Gewimmel
in Busch und Bach.

Sie bringt eine Mäusemutter
mit drei Kleinen auf der bloßen Hand
wollen sie nicht entweichen.

Alle wollen hinaus, die
noch drinnen sind,
grün, grün, grün und
so weich die Luft wie
ein sanftes Streicheln.

Fernreise

Kaffee mit Milch, Büro am Morgen.
Ich machte mir ein bisschen Sorgen
um meinen Hals, der war so rauh.
Ich weiß es nicht mehr so genau.

Was dann geschah, war unverhofft.
Bekanntlich kommt das ja ganz oft,
doch wusste ich noch nichts davon,
dass eine Kom-bi-na-tion
von dreizehn Schweizer Wiesenkräutern
und Kaffee … was? Ich muss erläutern:
was dann geschah, war unverhofft,
doch das geschieht ja scheinbar oft.

Das Halsbonbon, es harmonierte
mit meinem Trunk. Katapultierte
mich plötzlich in den Nahen Osten,
wo – lang ist's her – ich durfte kosten
aus einer winzigkleinen Tasse.
Ein Schluck. Zurück blieb schwarze Masse
und ein Geschmack aus mehr als einer
und tausend Nächten. So wie keiner.

Ich las den ganzen Drops-Karton,
doch da stand schlichtweg nichts davon.
Ach hier, da steht's ja, bitte sehr:
„Entführt bei allzu viel Verzehr."

krachendkaltklarer Morgen,
so sonnenhell leuchtend rot
könnt ich glauben, der
Klimawandel sei nur
ein Gespenst.

Die Stadt am Morgen ist schraffiert
vom Fallen dichten Regens.
Die Dächer glänzen wie poliert
im Fluss des feuchten Segens.

Der Himmel grau. Ein müder Wind
lässt Schornsteindeckel schnaufen.
Die Menschen, die jetzt draußen sind,
die schlendern nicht, sie laufen.

Das Wochenende kam herbei,
der Kühlschrank will gefüllt sein.
Und auch mein Magen ist noch frei:
der Tee muss heiß und mild sein.

Im Morgenmantel sitz ich noch
am Fenster, und ich dichte.
Strahlt mir der Regenmorgen doch
so freundlich ins Gesichte.

Salto wortale

Ein Blatt vor den Mund
könnt ich nehmen.
Den Stift auf den Kopf treffen.
Doch leg ich mein Herz aufs Papier
drunter hervor fließt Herzenstinte
gerinnt ins Wort.

Wunder

Du machst mich leicht:
mein Fuß und Sinn
befreit von aller Schwere.
Hast mich erreicht:
geborgen bin
ich mitten in der Leere.

Bin leer und reich
zur selben Zeit:
nach allen Seiten offen.
Mein Herz ist weich
und warm und weit:
mein Panzer ist zerbrochen.

giraffe

langer hals
sagen sie –
darf ich mal
fragen wie
sie das denn meinen?

kurzen hals
fände ich
jedenfalls
lächerlich
bei solchen beinen!

Rosen hast Du in mein Herz gepflanzt:
Ihre Wurzeln durchdringen mich jeden Tag tiefer.
Ihr Duft macht mich schwindeln,
und ich sinke in Deine Arme.

Heimatmelodie

Mein Landstrich ist ein Strich im Land:
vom Lineal gezogen.
Hier bin ich richtig, bin bekannt.
Hier fühl ich mich gewogen

und nicht zu leicht. Hier komm ich her
und find mich immer wieder.
Dem Regen und dem Himmel leer
singt meine Seele Lieder.

Mein Auge kennt sie: schon als Kind
sie mich verzaubert hatten.
Die Felder tief im weiten Wind,
die Sonn, die Wolkenschatten.

Fünf Tauben
sich ständig ändernde Verhältnisse
zueinander miteinander kreisen
Sonne mal über mal unter Leibern
strahlen Federn
perfektes Ballett ohne Primaballerina
jede mal vorne mal hinten
Fünfeck Kreis Linie Bogen
krumm oder gerade doch
immer elegant vor
unhörbarem Dreivierteltakt
im Blau.

Traum

Man kann ja mal ganz unumwunden
vom Erdenrund für ein paar Stunden
abheben in des Himmels Blau:
als Flügelmann und Flügelfrau.

Und später, wenn die Sterne glühen,
zur Milchstraße noch weiterziehen.
Dort soll es weiche Kissen geben
um auszuruhn: Das ist ein Leben!

Die Plagegeister dieser Welt
sind samt und sonders abbestellt,
weil für und für die Sterne scheinen:
in deinen Augen und in meinen.

Die Insel im Gewoge der Anderen.
Der Ankerplatz deiner Augen.
Zwei blaue Punkte erkenne ich wieder,
glitzernd und mich spiegelnd.
Der Spiegel ohne Glas zeigt mir
mein Lächeln in deinem Lächeln,
zieht mich an, berührt mich.
Berührt mich schon vor der Berührung,
zieht mich näher zu dir, bis
nicht näher mehr geht mein Schritt
zu dir und deiner zu mir.
Kein Wind geht mehr im Gewoge
zwischen uns kein Tropfen des Meers,
kein fremder Klang von außen.
Eine Welt in der Welt,
die Insel im Gewoge der Anderen.

nachts

bin noch gar nicht müde.
bin durch die gar nicht kühle nacht geradelt am schloss entlang.
entenquaken im ententraum am wassergraben.
dunkelheit sehr tief und frieden atmet.
s-bahn verspätet für mich pünktlich sofort.
leute reisen leise mit.
hauptbahnhof still nicht verlassen.
kaum jemand unterwegs noch nicht spät.
musik ist bei mir unhörbar für andere.
haus schläft.
ich bin noch gar nicht müde.

Neulich in Alicante

Ali kannte seine Tante,
die den Raki selber brannte,
spätestens seit jenem Feste,
wo die Tante für die Gäste –
weil das richtig Stimmung macht –
Selbstgebranntes mitgebracht.

Auch Klein Ali war dabei,
nippte zwei Mal oder drei,
bis er schließlich nicht mehr nippte,
sondern aus den Latschen kippte.
Und seit jenem Tage nannte
man den Ali „Ali Kante".

Elfchenjahr

I
Neu
noch jung
ein unbeschriebenes Blatt
ist weiße Unschuld oder
Schnee.

II
Maske
bunte Farbe
hüllt uns ein
Prinz wäre ich lieber
nicht.

III
Löffelt
Meister Lampe
Sonnenstrahlen will ich
lieber einfach nur März
bechern.

IV
Nimm
den Schirm.
Die Sonne scheint
doch grad so schön
vorbei.

V
Weiß
vor Blüten
war der Baum
ist jetzt rot von
Kirschen.

VI
Länger
die Tage.
Häufiger summt es:
die hohe Zeit der
Rasenmäher.

VII
Himmel
so tief
das Meer blau
versandet am Strand im
Glück.

VIII
Beinah
hast du
sie nicht erblickt
ist der Wunsch dir
Schnuppe.

IX
Äpfel
mit Streifen
vom alten Baum
fallen sie in die
Zeit.

X
Herbst
lässt los
das grüne Kleid
färbt sich zum Abschied
bunt.

XI
Grau
zieht vorüber
Tag und Nacht
legt sich Natur zum
Schlaf.

XII
Winterschlaf
ist nicht
für die Menschheit
schuf ein Gott darum
Schokolade.

Sehr akrobatisch, wie ich fand

Zum neuen Jahr

Kaum begonnen, schon zerronnen –
manches Jahr rast querfeldein.

Zeit verlieren, Zeit verschwenden?
Stunden und Sekunden weichen,
Nächte drehn und Tage wenden –
sei getrost: sie werden reichen!
Traun! Es liegt in deinen Händen.

„Wie gesponnen, so gewonnen!"
Dieses Motto soll es sein!

Mücke,
mitten im Winter
seh ich dich wandern.
Du hebst ein
spindeldürres Bein
nach dem andern
auf meinem Zeichenbrett.
Dein Schatten
bewegt sich
mit Dir,
und langsam
regt sich
in mir
die Frage,
aus welchem Sommer
dies Tier kam.
Sage
mir,
wo hast Du den
Herbst verbracht,
warum hat Dich nicht
in der Nacht –
weil solch ein Tier
sticht –
ein Schlaftrunkener
umgebracht?
Jedenfalls
bist Du jetzt hier
und glaube mir –
wenn mich auch Dein Hunger sticht:
ich schlage Dich nicht.

Höhenunterschiede

12.10.2012
Schwindelhoch kann kein
Mensch wie die Falken
über den Bäumen der Stadt
segeln sie in weiten Kreisen
am blauen Himmel keine
Wolken noch höher ist
kein Haus. Anderntags
die Meldung im Radio: amerikanische
Forscher entdeckten einen neuen
Planeten. Überwiegend aus Diamanten(rohmaterial)
fliegt er noch höher als
die Falken. Unermesslicher Reichtum vierzig
Lichtjahre entfernt. Fürchterlich heiß soll
es da sein.

Schwindelhoch die Türme von Geld
vierzig Lichtjahre entfernt.
Die Nachrichtensprecherin sagt, dort sei
es fürchterlich heiß.

15.10.
Noch ein paar Tage später springt
einer aus 39 Kilometern Höhe durch die
Stratosphäre. Seine Fallgeschwindigkeit soll
streckenweise über tausend
Stundenkilometer betragen haben, heißt es.
Und dann soll er
in irgendeiner Wüste
„auf seinen beiden Füßen" gelandet sein.

Vom heiligen Antonius

Nichts Halbes und nichts Ganzes, so ist es oft im Leben.
Den einen Handschuh steckst Du ein, der andre fällt daneben.
Dann fängst Du an zu suchen. Du kriechst auf allen Vieren
und denkst: Viel besser wär es doch, gleich beide zu verlieren!

Nichts überstürzen

Auf einmal stehst Du hinter mir.
Mich kitzeln Deine Haare.
Ich frage mich: Was denkst Du Dir?
und fühl: Das ist das Wahre!

Am nächsten Tag, als ich dran denk,
kann ichs noch immer spüren.
Ich nehme es als ein Geschenk –
weiß nicht, wohin wirds führen.

Wir gehen aufeinander zu
ganz langsam. Und wir beide
sind er, sie, ich und ihr und du:
wir tun uns nichts zuleide.

LG

LG. So schrieb er. Interessant.
Doch welchen Sinn hat er genannt
mit diesen beiden Buchenstaben,
die alles oder nichts drin haben?

LG. Lach gerne! könnt das heißen.
LG. Sind's lila Gänse? Weißen
bin ich ja wirklich oft begegnet.
Werden sie lila, wenn es regnet?

LG. Lass gehn. Das würd gefallen.
Und nicht nur mir. Auch sicher allen,
die freitags hocken im Büro.
Das Wochenende macht uns froh.

LG. Ich weiß es wirklich nicht.
Vielleicht heißt's einfach: lang Gedicht.

Herzkrank
machst Du mich.
Pillenschrank,
öffne dich!
Wo sind die Tabletten,
wo die Tropfen,
die mich erretten
von diesem Klopfen,
von diesem Rasen?
Wenn unsre Nasen
sich berühren,
dann kann ich spüren:
es geht mir gut,
Mann mit Hut.

Linie 16

Mit Kaktus, Bügelbrett im Arm
und einer Gummimatte:
so stieg sie in die Straßenbahn,
nahm eilig Platz und hatte
sofort ein Handy in der Hand
und smste wie besessen.
Sehr akrobatisch, wie ich fand.

Fast hätte ich vergessen,
zur rechten Zeit noch aufzustehn –
sie hat mich wirklich fasziniert.
Ich konnt sie grad noch gehen sehn
und hätte beinah applaudiert.

Der Panther

Ein kohlrabenschwarzer Etagenpanther
am Fenster schräg gegenüber.
Sein Blick ist hellgrün und ein gespannter:
die Vögel fliegen vorüber.

Ich schaue ihm zu, wie er davon träumt
nur einen der Vögel zu fassen.
Der Arme – so denke ich aufgeräumt –
das wird nichts, er könnt es auch lassen.

Die Tauben und Möwen im Häusermeer,
oft seh ich sie kreisen und schweben.
Der Panther ist weise, wie recht hat er:
ohne Traum ist das Leben kein Leben.

Die Krone

Herr Schildmann hatte keine Wahl:
die Schmerzen warn nicht ohne.
Das Kauen war die reinste Qual.
Er brauchte eine Krone.

Der Zahnarzt half. Frisch renoviert
konnt Schildmann wieder kauen.
Doch als er in den Spiegel stiert,
packt ihn das schiere Grauen.

Statt golden glänzt es silbergrau
im Mund. „Nicht schlimm! Sie müssen",
so sagt der Arzt, „mit Ihrer Frau
probiern, obs stört beim Küssen."

Nach einem Mal wars nicht vorbei.
Herr Schildmann wollts jetzt wissen.
Aus eins, zwei, drei wurd vielerlei.
Kein Ende nahm das Küssen.

Und die Moral von der Geschicht
kann Schildmann nicht verstehen:
Ihm ist vom Küssen nämlich schlicht
vergangen Hörn und Sehen.

30

Wenn mich der Anarcho juckt,
hält mich gar nichts mehr zu Haus.
Wenn es in den Beinen zuckt,
packe ich den Turbo aus.

Die Erziehungs-Lichtanzeige
auf dem Weg zur Innenstadt
zeigt, wenn ich mich ihr nicht beuge,
dass sie zwei Gesichter hat.

Eines grinst, und zwar sehr fleißig,
wenn man dort gesittet fährt.
Zeigt der Tacho über dreißig,
ist es grade umgekehrt.

Just auf Grün springt meine Ampel,
ich tret kräftig ins Pedal,
geb der Muse eine Pampel,
leg mich mächtig ins Gestrampel,
alles frei! Ich seh die Zahl!

Achtunddreißig Kilometer,
nur mit Muskelkraft: Rekord!
Dann seh ich den Miesepeter,
und dann – bin ich auch schon fort.

Die Welt ist nicht genug

Als ob die Welt nicht bunt genug
und nicht genug 3D.
Als ob die Erd nicht rund genug,
nicht nass genug die See.

Als ob das Lied nicht schön genug,
das uns die Vögel singen,
als ob den Tag nicht klön genug
wir im Büro verbringen.

Als ob die Luft nicht gut genug,
nicht kalt genug der Winter,
im Buch der Held nicht Mut genug,
als gäb es nichts dahinter.

So starren sie, so jagen sie,
und ihre Sonst-wie-Pho-ne
– ständig auf Sendung – tragen sie,
sind ihre eignen Klone.

Sie optimieren jeden Schlag
von Herz und Augenlidern,
sind immer online, Nacht und Tag
in selbstgeschnürten Miedern.

Sie könnten „alles" wissen, sind
nur selten einmal fröhlich.
Und wo die Wirklichkeit beginnt,
vergessen sie allmählich.

Tränk ich jedesmal, wollt mein
Herz dir Blumen schenken, ein
Tröpfchen nur vom besten Wein,
müsst ich ewig trunken sein.

Frère Tell

Weiß, vollkommen
und auch
unvoreingenommen
stehst Du da.

Du bist ein Schneemann
und, wie
ein Seemann,
die Hände in der Tasche,
felsenfest,
rührst Du Dich nie.

Doch die Sonne,
die kommt am Morgen,
bereitet
Dir unsagbare Sorgen:
In Deiner Welt
ist Frost das
einzige, was zählt.

Doch, ohne Fragen,
weiß ich,
was Du hast zu sagen.
Du erzählst von
den Mädchen und Jungen,
die, mit viel
Phantasie, ganz im Spiel,
Dich bauten:
Du bist gelungen.

Zwar wirst Du vergehn,
wenn die Sonne bleibt
über Dir stehn,
doch im nächsten Winter
wirst Du,
durch die Hände der Kinder,
auferstehn.

Der Gu-Ru

Ein Gu-Ru stand am Jahresrand
und nahm die Menschheit bei der Hand,
auf dass sie gut hinüberflutsch.
Der Gu-Ru war ein „Guter Rutsch".

So stand er da, nahm viele Hände.
Er nahm und nahm, es nahm kein Ende,
bis schließlich er voll Freude sah:
das neue Jahr war längst schon da!

Der Gu-Ru hatte jetzt gut Lachen:
konnt ein Jahr Feierabend machen,
flog auf dem Teppich unerkannt
ins Feierabend-Morgenland.

Winterstadt
im Morgenschimmer:
Häuser wie Bauklötzchen
hingestellt von eines Riesen
Hand.

U-Bahn:
helläugige Marmorschönheit
lebendig die Römerstadt
auch heute noch wieder
entdeckt.

Laich
der Wolken
diagonal am Fenster
des fahrenden Zuges verschwommen:
Regentropfenkaulquappen.

Tiefer
als tief
hängen belgische Wolken
Berg und Tal im
Grausuppenlicht.

Auf
dem Grünstreifen
der achtspurigen Hauptverkehrsstraße
oben im Pappelwipfel ein
Nest.

Wenigstens
umgekippte Fahrräder
aufheben kann ich
doch die Welt nicht
retten.

Noch
zwei Minuten
die Morgensonne genießen
ehe die U-Bahn mich
verschluckt.

Scheinbar ziemlich weitgereist

Hofgarten

Wir liegen unterm Ahornbaum
im Park. Der Sommer früh.
Der Wind, er tanzt, ein grüner Traum
ist über uns, denn die
Millionen Blätter wiegen sich
ganz sachte vor, zurück.

Vors Sonnenlicht, da schieben sich
die Wolken. Und ein Stück
von Licht und Schatten, Schatten, Licht,
von Weiß und Blau und Grün
seh'n wir – die Andern seh'n es nicht –
an uns vorüberziehn.

kaulquappen

wir lagen
seit tagen
als laich
im teich.

wir schlüpften
doch hüpften
noch nicht
im licht.

wir schwammen
verwundert
zusammen
zu hundert.

wir wissen
wir müssen
bald springen
und singen.

die fraun solln
uns hören
die wir wolln
betören.

Gefunden

Ich stand am Rechner
so für mich hin,
und nicht zu husten,
das war mein Sinn.

Im Schatten sah ich
ein Tütlein stehn,
wie Blümlein leuchtend
die Bonbons schön.

Ich wollt sie lutschen,
da sagten sie fein:
Solln wir zum Lutschen
entwickelt sein?

Ich holt sie mit allen
Papierchen raus,
zum Bettchen trug sie
in meinem Haus.

Und lutscht sie alle
am warmen Ort.
Nun wirken sie immer,
bald sind sie fort.

Adel verzichtet

I
Es sprach der Graf von Finkenstein
zu seiner Frau Mama:
Der Diener bringe Schinken rein!
Im Haus ist nichts mehr da.

Du bist vergesslich! rief Mama,
dein Ruf ist exemplarisch.
Denn schließlich sind wir alle ja
schon lange vegetarisch.

II
Der Herzog Max war flachsgelockt
und smste seinem Bruder:
Ich habs gesehn auf Fatzebock!
Brünhilde ist ein Luder!

Der Bruder smste: Max, gemach!
Bevor ich drüber läster,
da frag ich lieber selber nach –
sie ist doch unsre Schwester!

Morgenlied

Haare bürsten auf die Schnelle,
Butterbrot für alle Fälle
und für später: Karamelle,
schnelle, schnelle, Haltestelle,
Vogellied zur Tagesschwelle,
Haltestelle, Fernwehquelle,
Bus biegt um die Straßen-Elle
und die Lampen leuchten helle,
schnelle, schnelle, grüne Welle,
Haltestelle,
Haltestelle,
da!

Winterruf

Komm, Sonne, komm! Wir sind verloren!
Wärm uns die Hände, Füß und Ohren!
Wir sind zum Frieren nicht geboren!
Komm! Mach uns alle unverfroren!

Mundwerk

Oberlippe Unterkante
ist oberhalb von
Unterlippe Oberkante
und
Unterlippe Oberkante
ist unterhalb von
Oberlippe Unterkante.

Wogegen
Oberlippe Oberkante
oberhalb von
Oberlippe Unterkante
und
Unterlippe Unterkante
unterhalb von
Unterlippe Oberkante
schmollt.

Halten wir also fest:
Oberlippe Oberkante
schmollt über
Oberlippe Unterkante
schmollt über
Unterlippe Oberkante
schmollt über
Unterlippe Unterkante.

Spinne am Morgen

Die Bahn ist wieder rappelvoll,
ich weiß nicht, wo ich sitzen soll.
Graue Gesichter, wie Gespenster.
Die Sonne scheint durchs Wagenfenster.

Ich halt mich fest am Bahngestänge.
Die Fahrt, sie zieht sich in die Länge.
Mir gegenüber hängt doch glatt
eine, die keine Karte hat.

Sie hängt an einem silbrig dünnen
seidenen Faden. Diese Spinnen
sind scheinbar ziemlich weitgereist –
ohne zu zahlen! Ist das dreist?

O nein! Wahrscheinlich hat das Tier
sich unfreiwillig vom Revier
entfernt, wo es die Netze spannte.

Getrennt von Vater, Mutter, Tante
fährt es nun durch den Sonnenschein,
ist spinnenseelenganzallein.

Fahr, liebe Spinne, fahr nur zu
zur Endstation. Kehr um. Denn du
musst bis zum Dienstschluss weiterreisen
im selben Zug, auf diesen Gleisen.

Am Abend kommst Du ins Depot:
Was wird das Wiedersehen froh!
Da warten alle deine Lieben:
Die Eltern, der Geschwister sieben,
die Freunde und die Anverwandten,
die panisch durch die Halle rannten,
als du am Morgen warst verschwunden.
Was hatten sie für bange Stunden!

Doch jetzt kann gar nichts mehr sie quälen.
Sie wolln nur eins: Du musst erzählen!

Das dauert bis zum Morgengrauen.
Man hebt entrückt die Spinnen-Brauen
und legt zusammen das Ersparte
für deine Spinnen-Netzfahrkarte.

Requiem

Heute viele Leichen,
als der Sturmwind pfiff:
manchen brachen Speichen,
manchen fehlt der Griff.

Achtlos fallenlassen
hat man sie im Dreck:
Weil sie nicht mehr passen,
weil verwirkt ihr Zweck.

Kraus der Stoff, zerrissen.
In der starken Bö
hat er reißen müssen.
Das tat sicher weh.

Schirme, einst gehalten
hoch und straff gespannt,
liegen jetzt in Falten
schlaff am Straßenrand.

Eine letzte Würde
mancher ihnen gab:
lud die tote Bürde
im Papierkorb ab.

Wolkenbruch

Ein Schauer
von kurzer
Dauer
vielleicht nur
hinterläßt
eine Spur
in mir:
einen Gedanken
von Dir.

Mal finster, mal dämmrig,
mal hell
das Licht
in den Tropfen
sich bricht.
So unterschiedlich schnell
ist ihr Klopfen
im Takt:
Wie mein Herz,
das gepackt
ist von Dir –
wärst Du doch hier!

Das Rauschen
läßt ferner mich
lauschen.
Ich denk an Dich:
Denn ist erst der Regen vorbei,
gehn wir durch die Pfützen,
wir zwei.

„Der Sinn"

Was nützt, was nutzt?
Herausgeputzt
hab ich's noch nichte.
Ich schreib Gedichte.

Die kann man lesen
und dann als Spesen
vielleicht was denken,
sich abzulenken
vom Wahn der Welt –
ganz wie's gefällt.

Mir ausverleiben
kann ich beim Schreiben,
was zwickt, bedrückt –
und auch, was glückt.

Otto

Otto tippt mit ernster Miene
auf der Reiseschreibmaschine
einen langen Brief an's Amt:
Tach! Es ist mir wohlbekannt,
dass, als ich vor wen'gen Tagen
parkte meinen Lieferwagen,
tat ich es im Parkverbot.
Doch alleine große Not
brachte mich zu solchem Schritte,
weshalb um Verzeih'n ich bitte.

Denn schon morgens an der Hose
war der Hosenknopf ganz lose,
und als ich hab' bremsen müssen,
ist er gänzlich abgerissen.
Als sei das noch nicht genug,
riss dann auch der Gummizug.

Wenn ich weit gelaufen wäre,
hätt' verloren ich die Ehre
und die Hose noch dazu –
Nein, das ließ mir keine Ruh'.

Doch zum Glück kam ich vorbei
an der kleinen Schneiderei
an der Ecke und hielt an,
stürmt' den Laden wie ein Mann,
nahm dann Platz in der Kabine,
währenddem mit fleiß'ger Miene
man nicht lange Faxen machte
und die Hos' in Ordnung brachte.

Schnell bezahlt, die Hos' am Leibe,
fand ich auf der Windschutzscheibe
eine Karte, die besagte,
was mir wahrlich nicht behagte.
Grad gerettet, voller Freuden,
musst ich nun Entsetzen leiden,
denn ich sah in meiner Not
nicht das Schild vom Parkverbot,
war ich doch in einer Krise.

Darum bitt' ich Sie, dass diese
Knolle bleibe mir erspart,
denn es wäre doch zu hart,
sagt' die Stadt, dass Knopfverlust
du jetzt doppelt büßen musst.
Ohne Hose mich zu seh'n,
wäre nicht gewesen schön.
Schlimmer gar, und diese Leiden
wollte gerne ich vermeiden.
Schließlich hab' ich mich beeilt,
bin nicht lang am Ort verweilt.
Darum bitt' ich nun fürbass
um den Knöllchenschuld-Erlass.
Dankbarkeit wär' dann mein Motto
für die Stadt. Bis neulich. Otto.

Schröder

Oberknöllchenwart Paul Schröder
denkt sich: Wasn das fürn blöder
Brief, der liegt auf meinem Tisch?
So ein handgetippter Wisch!
Ist ein Parksünder ein guter,
hat er mindestens Computer
und auch Internet zur Hand.
Der hier scheint im Hinterland
noch zu wohnen von der Stadt –
wo er nicht zu parken hat
an den Stellen, die verboten.
Und dann auch noch fettge Pfoten
hatte er, ganz ungenierte,
als er diesen Brief frankierte!
So ein Ferkel! So ein Blöder!
denkt der gute Paule Schröder.

Als er liest, was dort geschrieben,
ist die Spucke weggeblieben
ihm fast völlig. Ja, die Frechen,
die wolln alles – nur nicht blechen,
die sind immer nur im Recht!
Dieser Otto soll nicht schlecht
staunen, wenn ich ihm jetzt schreibe
und dann M f G verbleibe.

Und er öffnet vehement
fix ein neues Dokument
in dem Ordner „Keine Zahlung",
und mit Walzeruntermalung,
aus dem Kofferradio,
die ihn macht beschwingt und froh,
findet er die rechten Worte,
schreibt er einen Brief der Sorte,
die im macht so viel Vergnügen,
weil ihm solche Fälle liegen.

„Lieber Otto," so steht da,
„grade eben erst, da sah
ich den Brief, den Sie geschrieben,
dort in meinem Körbchen liegen."

Und er denkt: erst sieben Wochen
sind seitdem ins Land gekrochen.
Und er grinst. Denn diese Knaben
wolln es ja nicht anders haben.

„Sagen Sie mir," schreibt er weiter,
und er fühlt sich dabei heiter,
„doch mal, was Sie wirklich meinen,
da Sie mir zu sagen scheinen,
dass Sie sind nicht zahlungswillig!
Ehrlich – das ist mir zu billig!

Haben Sie" – hier lacht Paul leise –
„denn noch richtige Beweise,
die mir zeigen, dass Ihr Recht –
nicht, dass ich was Falsches dächt –
wirklich ist, und nicht gebogen,
dass Sie mich nicht angelogen
bei der Sache mit dem Knopf?"

Ach, denkt Paul, der arme Tropf
ist imstand, schickt seine Hosen
und dazu den Knopf, den losen
und die Rechnung noch dabei
von der kleinen Schneiderei,
jeglichen Verdacht zu mindern.
Mist – das muss ich wohl verhindern.

Denn, wer weiß, wenn fettige Hände
klebten schon am Umschlagende,
was mag mit der Hose sein?
Sicher ist sie gar nicht rein.
Paul rümpft die Beamtennase.
Löscht den Brief. Und eine Phase
folgt, in der er richtig denkt,
ja, er wirkt fast angestrengt.
Schließlich kommt ihm ein Gedanke,
füllt das Dokument, das blanke
nur mit einem einzgen Satz,
welcher nie ist fehl am Platz:
„Sehr geehrter, und so weiter,
unser Knöllchenfacharbeiter
ist seit längrer Zeit schon krank,
darum wären wir zu Dank
tief verpflichtet, wenn Sie ließen
erstmal keine Fragen sprießen,
sondern warten nur geduldig,
bis wir wissen, ob Sie schuldig
sind oder ob nur ein blöder
Fehler war die Knolle. Schröder."

Wasserzauber

Freitagabend – Wochenende!
Spül den Staub des Tages ab!
Sofalandschaft, Badgelände
harren mein, und nicht zu knapp.

Kleider runter, Wasserhähne
aufgedreht. Der erste Strahl
rinnt hernieder. Diese Szene
jedes Mal phänomenal!

Augen zu und richtig drunter,
dass das Wasser fließen kann!
Müde Geister werden munter,
Trägheit flieht mit Maus und Mann.

Seife, Shampoo, frische Düfte,
sanftes Prickeln auf der Haut,
Wohlgeruch durchzieht die Lüfte,
doch der Dampf bleibt undurchschaut.

Ewig könnte ich so stehen,
rauschend warm im Wasserfluss.
Doch ich muss wohl langsam gehen,
weil ich sonst verschrumpeln muss.

Walle, walle manche Weile,
Wasser fließt in mein Gedicht!
Dreh den Hahn zu ohne Eile.
Zaubern – muss ich dazu nicht.

Feierabend

Zwei Damen fahrn im Bus nach Hause,
da sitzen sie mir gegenüber.
Ich hör: sie schuften ohne Pause
und werden dabei müd und müder –
das Kaufhaus wird ja umgebaut.
Seit langer Zeit wird zugeschaut,
wie jeden Tag die Waren wandern.

Glas aus Murano, Käs aus Flandern,
Uhren aus England, Schmuck aus Wien.
Es ist, als würd man Lose ziehn.
Am Abend schon kann man sich sorgen:
Wo sind die Waren denn wohl morgen?

Ich schaue raus auf den Verkehr
und hör den beiden Damen zu.
Doch plötzlich hör ich gar nichts mehr,
ist gegenüber nur noch Ruh:
Die braven Einzelhändlerinnen
betrachten sich wohl jetzt von innen.

Die Kinne sackten sacht vornüber,
die Hände liegen auf dem Schoß.
Ob sie jetzt träumen? Wenn – worüber?
Sind ihre Kinder wohl schon groß?

Der Bus fährt weiter. Hält. Fährt an.
Die beiden Damen ruckeln
synchron im tiefsten Traum. Als dann
wir aus der Stadt rauszuckeln,
werden sie wach. Die Sonne scheint,
sie recken Hals und Glieder.

Das Kaufhaus wurde aufgeräumt,
die Erde hat sie wieder.

Nur Mut

Mancher Tag soll lang verweilen,
mancher bringt dir Stürme wild.
Zage nicht. Die Zeit wird's heilen.
Lächle in dein Spiegelbild.

Heiß gekocht und schnell gegessen
nährt die beste Suppe nicht.
Nimm dir Zeit. Geh angemessen
langsam durch das Tageslicht.

Rauf dir abends nicht die Haare:
Was geschehn ist, ist geschehn
und es wird die Lebensware
morgens vor der Türe stehn.

Blitzlicht.
Irgendwelche Möbelpacker
werfen plötzlich lustlos
Kleiderschränke durch den Himmelsflur.
Gewitter.

Vom
kleinen Frühlingssee
trinkt jeder Schluck
das Licht des sinkenden
Tages.

Blutrünstig.
Die letzte
Mücke dieses Sommers
erwartet im Schlafzimmer den
Abend.

Meiner
Augen Weide
Busch Baum Himmel
benebeln mich im hellsten
Sonnenschein.

Abends
vorm Schlafengehen
häkelt die Sonne
silberne Ränder an schwarze
Wolken.

Schneeflocken
heute wählerisch
gaukelnd suchen sie
den richtigen Platz zum
Landen.

frühlingsvogel
dein lied
klingt mit macht
die runde in jeder
ecke.

Schmetterling
die Mittagsglut
durchgaukelst du leichtflüglig
bist dir dein eigener
Fächer.

Die Autorin

Veronika Käter, geboren 1965 in Düsseldorf, lernte von Kind an Lyrik aller Art kennen und lieben: in der Schule aus dem Lesebuch, im Schuhgeschäft Lurchis Abenteuer, und zuhause sagten ihr die Eltern klassische Balladen und Gedichte auf.

Mit 10 oder 11 Jahren fing sie an, eigene Gedichte und Geschichten zu schreiben.

1995 schloss sie ihr Studium der Innenarchitektur an der FH Düsseldorf ab. Seit 2001 ist sie Korrekturleserin in einer kleinen Kölner Setzerei.

Sie lebt, liest, liebt und dichtet an Rhein, Düssel und Hoxbach.

Veröffentlichungen
Seit 2013 jährlich im: Rabenschnabel-Kalender
www.rabenschnabel.de

2017 in: Versnetze_zehn
www.verlag-ralf-liebe.de

Seit 2017 in: Wildleser-Almanach
(Klaus Gasseleder, Erlangen)

Inhalt

Leer und reich zur selben Zeit

Sehr akrobatisch, wie ich fand

Scheinbar ziemlich weitgereist

Impressum:

© 2019 Veronika Käter
Umschlaggestaltung, Illustration:
Andrea Kuckelkorn, dyadesign
Verlag und Druck: tredition GmbH,
Halenreie 40–44, 22359 Hamburg

ISBN Taschenbuch: 978-3-7497-7042-7
ISBN Hardcover: 978-3-7497-7043-4
ISBN e-Book: 978-3-7497-7044-1

MIX

Papier | Fördert
gute Waldnutzung

FSC® C083411

Zeitfracht Medien GmbH
Ferdinand-Jühlke-Straße 7
99095 Erfurt, Deutschland
produktsicherheit@kolibri360.de